Chants à l'Unique Vérité

I0624419

par

Georges Thiéry

à Sri Hari, with faith

Préambule

Aveuglé par les joies éphémères, lié par des attachements profonds à l'être aimé et dans la rupture, je perdis, cette dernière fin de siècle, les quelques repères que j'avais, tout n'était devenu plus que confusion et trouble, je passais du prestige d'une belle jeunesse à celui de paria. Par trop d'égotisme j'avais rompu avec toute foi, ce fut le début d'errements. Étudiant un passé dont nous ne sûmes jamais le vrai, tant tout est mouvance dans ce Monde, je me retrouvais à arpenter les terres pour y exhumer les quelques vestiges oubliés de nos semblables. Ce fut l'enfer progressivement qui me retrouva au cours de ces pérégrinations. J'avais encore un peu de foi en l'amour entre les êtres puis la douleur venait toujours sourdre, abîmer mon apparence devenue trop sédatée et troublée. Peu à peu me revint le souvenir de cet être suprême, puis vint la connaissance de ses divertissements. Peignant frénétiquement dans un souci d'échapper aux derniers enfers, ce fut une autre issue qui s'ouvrait à moi. Ce fut ce lien avec Sri Hari, à qui j'ai l'ambition d'adresser ces quelques chants.

Chant 1

Imbu d'un savoir nul comme la connaissance d'un mur, mû cependant par une sincérité et une foi que je tins d'actes méritoires de vies passées, je t'adresse Sri Hari ces quelques mots, vois, je t'en prie le trouble qui se lit sur le visage des êtres de cet âge d'ignorance, nous sombrons tous dans le désespoir après s'être attaché aux femmes et hommes qui avancent dans les eaux troubles de l'ignorance de leurs vraies natures. Ce ne sont plus que perpendicularité des regards, lutte pour le pouvoir et le prestige, pour la compagnie d'érudits puis lors des chutes, les moqueries sans cesse puis la haine des semblables lorsqu'on ne s'aligne plus sur la masse des troupes. Vois je t'en prie la singularité de ton serviteur trop égoïste pour te rendre grâce convenablement. C'est dans les lignes fines des errements que je tire ma force, puissé-je te vénérer, vie après vie, et ainsi atteindre le royaume de ta somptueuse opulence et quitter ce monde de dualité et de doute.

Chant 2

Sri Hari, vois le trouble de ton serviteur qui sans cesse fuit la compagnie des hommes pour s'abstraire dans ton culte, la littérature, la nature, la peinture et la méditation. Même la femme aimée jadis a développé pour moi une haine sans pareille et l'infamie me poursuit, mon nom suscite même le mépris. Je ne fus pourtant qu'à l'œuvre, c'est en tentant de retrouver la joie sans pareille que je tuais cet orgueil et le tragique de ma vie.

Chant 3

Je vis le teint bleuté de ton visage en rêve, la nuit en Inde des cris
d'animaux me firent tressaillir, je nageais dans les eaux pures du
Gange et obtint la sainte compagnie de tes sadhus. Malgré cela
revenu en France le trouble m'envahit encore.
Je n'ai plus de haine désormais mais les sanctions de ton énergie
illusoire furent rudes pour un être comme moi.

Chant 4

Non plus je n'ai plus de haine contre ces quelques imbéciles qui grimacent et raillent, je fuis leur compagnie. Ce n'est que de la haine que j'avais dans le cœur lorsqu'ils s'immiscèrent dans mes relations. Leur sort leur fera prendre la porte des enfers. Je le souhaite encore, avouons-le. Le regard d'apparence naïve de ce discours masque le tragique du parcours.

Chant 5

Je n'eus jamais véritablement d'autre ami que toi, tu me voyais lorsque je souffrais l'enfer dans les recoins où l'on serre ceux qui souffrent, tu vis mes amours, ne dit rien, et toujours m'épaulait dans ta forme paramatma, je vis le sublime éclairer peu à peu ma vue, et les malfaisants se disperser aux vents de leurs forfaits à payer. Je sus que tu étais là lorsque dans ces derniers sursauts je t'implorais encore. Toujours à geindre je n'avais plus d'autre objectif que te connaître, la vie est une série de souffrances guidant toujours vers l'issue, je le sus progressivement.

Chant 6

C'est lorsque le vent se leva que je ne vis plus mon ombre, que les
rescousses houleuses et imbéciles me quittèrent, je fuis à l'avant
vers, loin, du moins en un endroit loin des sirènes et blasphèmes.
La faute revient à ces esprits imbéciles qui discourent à n'en plus
finir sur une âme qui cherche seulement la sortie.

Chant 7

Je ne vis dans ce monde que des êtres qui cherchaient un confort médiocre et quelques prestiges illusoires, se lier avec les plus forts, de peur de sombrer. Rien pourtant n'est jamais acquis. Je sus, dans ma solitude, que la plupart ne cherche que l'enivrement temporaire. J'ai ressenti le danger en permanence et pourtant toujours ton soutien. Sur mon autel tes formes à qui je rends un bien piètre hommage.

Chant 8

Je n'avais rien d'autre en vue que de quitter la souffrance, je ne fus même pas digne de tes temples, je n'étais qu'un de ces êtres troublés qui ont perdu toute direction. Il y avait tant d'amour entre cette femme et moi Seigneur, j'en fus écarté par les jeux de ton illusion et tout le temps je me demande ce qu'elle devient jusqu'à l'obscénité d'un souvenir, pourtant d'une pureté inégalable.

Chant 9

Cet amour que je gardais sans cesse au cœur me maintint pourtant,
je vis les quelques prestiges que j'obtins laborieusement attirer les
hordes d'envieux.

Chant 10

Fuyant dans les forêts profondes je vis la vérité à prononcer tes saints noms sur un chapelet de bois et de cette écume naquit la plus profonde joie.

Chant 11

Ce n'est qu'en détournant les derniers mensonges de l'illusion que je sus que nous étions prisonniers sur cette terre quasi infernale, je compris m'être englué dans un univers où la perfection est absente si ce n'est qu'on y trouve la miséricorde de pouvoir prononcer le saint nom de Sri Hari.

Chant 12

Le trouble se lit encore dans tes absences, je fus un objet de dérision pour tous, pourtant je signe encore quelques lettres d'un amour que je tends à ce Dieu partout présent pour qu'il m'abreuve du feu de la véracité et m'écarte des pires écueils présents dans cet âge de ténèbres.

Chant 13

Je n'irai pas sur les routes protester contre un système dont l'équité pose question, ni cerner mes yeux lors de sorties nocturnes, j'irai prononcer le nom du suprême là où me conduiront mes pas, je n'ai plus l'azur lisse dans les yeux, j'ai la souffrance d'un puits condamné.

Chant 14

Il y a tant de pertes dans ce monde, pertes d'intégrité, de compassion, je ne fus maître que de mon illusion, j'ai tant sombré, puis venons-en à l'équanimité, je souhaite demeurer non affecté et égal envers tous. Pourtant je n'aime que ce qui me donne de la joie, j'ai le cœur durci comme le gel sur mon pare-brise, je fume sans cesse pour me réjouir de cette bouffée âcre qui me donne la nausée dès le matin et envisager la vie dans un léger grisement.

Chant 15

N'ayant pourtant pas perdu tout repère je sus rapidement que ce n'était qu'en envisageant ta splendeur que je me relèverai peu à peu de cette condition misérable.

Chant 16

Je tirais pourtant encore quelque orgueil de vers passés, la mort me traquait sans cesse, le destin s'échappa et me laissa dans un désordre qui déroute. Je n'ai rien que mon regard sur ce monde d'agonies, dans les hôpitaux gisent ceux qui ne peuvent plus jouir de leurs actions passées, je vis mon orgueil réduit à néant par une lucidité nouvelle.

Chant 17

Retournant sans cesse profiter des chants des oiseaux dans les grandes forêts je perdis mon image, je redevins simple dans le temps du mouvement d'une nuit passée à sangloter. Je ne te connais pourtant même pas Seigneur laisse-moi contempler ta présence ailleurs que sur les branches des arbres et la lumière dans les feuillages. Je suis pourtant trop intoxiqué pour avoir droit à cette grâce.

Chant 18

Puisse cette vie sur ce plan d'existence être la dernière, je suis même incapable d'exprimer quelque gratitude malgré cette énergie que ton nom procure, misérable parmi les misérables, je veux rejoindre le royaume spirituel et ces planètes immenses inondées par ta présence. Pourtant que puis-je faire d'autre à part prier et espérer.

Chant 19

Une immense tristesse au cœur, je me défais peu à peu de ces
attachements aux êtres et aux semblances, le bleu de mon regard
se porte sur le soleil levant et je vois croître la lumière.

Chant 20

Tout est si misérable ici, on croit aimer, puis un problème de communication et le lien s'arrête, tant que l'on resplendit tout baigne dans la quiétude, taire ces souffrances toujours, que faire à part ironiser sur le sort de ceux qui souffrent, je ne serai pas long à vouloir rejoindre le royaume suprême après avoir payé pour les fautes passées. On ne recueille que ce que l'on sème, je vis les mille désordres du monde me ramener au pas puis presque me faire choir. Sois bon avec moi, Ô Seigneur, jamais je n'ai été si lâche que depuis que j'ai quitté la sente menant au bonheur ultime, je passais là, je fus submergé par une vague de bêtise dont j'eus du mal à me défaire, et maintenant sans cesse j'implore la délivrance.

Chant 21

Je n'ai même pas assez de connaissance ni une perception suffisamment limpide pour pouvoir te percevoir, pourtant la fiche est là dans le cœur et je ne sais m'en défaire, alors je prie jour et nuit, puis la souffrance peu à peu se dissipe et j'aperçois à mesure ta splendeur ainsi que celle de ta Shakti.

Chant 22

Que dire que je fus condamné durement par les habitants de ces régions infernales pour n'avoir pas su me relever d'une relation, que j'étais probablement le dernier des hommes et le premier sur la liste noire des mes errements. Je n'ai même pas assez de qualité pour rester décent lorsque les troubles m'agitent, je hais tant être ici, je sombre de jour en jour dans l'absence du lien, les quelques offenses commises me paralysent et je ne sais plus que dire.

Chant 23

Ainsi Seigneur, ce que j'aime c'est méditer sur ton nom
NARAYAN dans les forêts lorsque le printemps s'éveille et rester
jusqu'au soir à regarder le ciel tomber sur l'horizon.

Chant 24

C'est mon orgueil qui me fit le plus sombrer, un peu de simplicité
et les attaques ne sont pas si cruelles.

Chant 25

Je fus comblé pourtant par la présence de fines âmes venues à mon secours.

Chant 26

La seule chose qui me reste c'est de pouvoir prononcer tes mantras sur un chapelet de bois, ne me retire pas Ô Être Suprême ce rare et unique privilège.

Chant 27

Seigneur, c'est mon orgueil qui s'en va, aujourd'hui naît en moi la conscience de ma condition misérable, je t'en prie une dernière fois accorde moi la faveur de quitter définitivement ce lieu de ténèbres et retrouver la splendeur de ton royaume, une fois les quelques objectifs qui me sont assignés, réalisés.

A propos de l'auteur

Bio-bibliographie
Georges Thiéry est né en 1978 à Troyes d'un père français et d'une mère américaine. Après des études en archéologie à Lyon, Dijon et Strasbourg, il travaille en archéologie sur des chantiers en France. Parallèlement, travail d'artiste-peintre et poète autodidacte. Vit et travaille en Bourgogne. Formation en bibliothèques également. Très investi dans les pratiques spirituelles orientales.

Il a auto édité plusieurs ouvrages et publié notamment dans les revues "Recours au poème", "Levure littéraire", "Mille et un poètes", "Festival Permanent des Mots" et "Capital des mots ».
Ses ouvrages sont les suivants :

- À l'absence s'apposer FPM, Nancy, 2016

- Sur la route de Gafsa 2011-2012 e-book collaboration poésie visuelle avec Souad Mani, Calaméo, juillet 2015

- Taire les rancœurs The book edition, Lille, Juin 2015

- Absences simultanées The book edition, Lille, 2014
- L'intensément fascinant, poèmes cosignés avec Chloë Malbranche, Edilivre, Saint-Denis, 2013
- Nuits Krsnaïtes, poésie, Edilivre, Saint-Denis, 2012
- « Le temple de la nuit » dans Anthologie de nouvelles sensuelles, dir. Chloë Malbranche, Edilivre, Saint-Denis,2011
- Les chants parias, poésie, Edilivre, Saint-Denis, 2011
- Les jours tombent, poésie, Edilivre, Saint-Denis, 2009
- Mots aux femmes, poésie et dessins, Lulu.com, 2008
- Les sexes jaunes, poésie enluminée, Lulu.com, 2008

www.ingramcontent.com/pod-product-compliance
Lightning Source LLC
Chambersburg PA
CBHW020611130626
46552CB00007B/3157